PROPOSITION DE LOI

Portant modification à la Législation

DES PROTÊTS

OBSERVATIONS

PRÉSENTÉES

Par la Chambre des Huissiers

DU DÉPARTEMENT DE LA SEINE

PARIS

TYPOGRAPHIE ET LITHOGRAPHIE A. MAULDE ET Cⁱᵉ

144, RUE DE RIVOLI, 144

1890

OBSERVATIONS

PRÉSENTÉES

Par la Chambre des Huissiers

DU DÉPARTEMENT DE LA SEINE

SUR LE

Projet de loi modificatif

DE LA

LÉGISLATION DES PROTÊTS

A MESSIEURS LES MEMBRES DE LA COMMISSION :

Le projet présenté par MM. Lockroy et Leydet et renvoyé par la Chambre des Députés à l'examen de votre Commission, répond à un besoin reconnu par toutes les autorités judiciaires.

Il ressort de l'exposé de ce projet et du rapport de l'honorable M. Bouge, qu'il a principalement pour but :

De donner aux débiteurs quelques avantages ;

De régulariser certains usages en les modifiant ;

D'empêcher les compromissions de toutes natures ;

Et d'assurer les droits du Trésor.

Au nom de la Chambre des Huissiers du département de la Seine, nous demandons à la Commission et particulièrement à l'honorable M. Bouge, son rapporteur, la permission d'exposer ici les désirs et les craintes que la lecture de son rapport nous a inspirés, convaincus que vous voudrez bien permettre à des officiers ministériels de vous présenter respectueusement quelques observations, sur une question qu'une longue pratique leur a rendu familière.

Le livre à souche dont parle le projet de loi, et qui semble être le point capital de la réforme, ne nous paraît pas présenter les avantages que pense en faire ressortir la Commission.

C'est un livre compliqué et coûteux, dont la tenue exige un travail long, impossible à faire dans le délai qu'indique le rapport, il ne sauvegarde pas plus les droits du Trésor, qu'ils ne le sont actuellement, contrairement à ce qu'on semble croire ; et de plus, dans bien des cas, il aggravera les charges du débiteur.

D'un autre côté, dans bien des études, il faudra plusieurs et un grand nombre même de livres à souches, ce qui rendra les erreurs faciles et la vérification bien difficile, si ce n'est impossible. Enfin c'est un tort de croire que la rédaction du protêt est abrégée, car au contraire le livre à souche exige la rédaction immédiate et en double de toutes les formalités, sans exception, prescrites par l'article 174 du Code de commerce.

Nous pensons donc qu'il faut laisser cette innovation inutile au pays étranger, où elle est née, et où paraît-il, elle est pratiquement et en partie abandonnée.

Pour atteindre le but que se propose la loi en projet, nous pensons qu'il suffit d'un simple livre de dépôt qui sera coté et paraphé comme le sont les répertoires, et sur lequel l'huissier inscrira jour par jour, tous les effets qui lui seront remis au protêt, et, à la suite, tous les effets qu'il encaissera.

Ce livre, tenu, sur papier libre, ne dispenserait pas du registre de protêt, tel qu'il existe actuellement, et qui est d'autant plus utile que la copie du protêt n'est pas remise. Ce livre serait soumis au visa du receveur d'enregistrement à toute réquisition, en sorte que le jour de la rédaction des protêts (le troisième d'après le projet de loi), le préposé d'enregistrement pourrait, *dès le matin*, y apposer son visa ce qui est matériellement impossible avec le livre à souches, et constater, par exemple, que si, sur cinquante effets remis à l'huissier, vingt-cinq ont été payés, il en reste vingt-cinq qui doivent être protestés.

Le porteur ne pourrait plus, après leur présentation, retirer les effets remis au protêt, comme cela se pratique souvent, alors même que le droit est acquis à l'Etat, et comme cela se pratiquerait encore facilement avec le registre à souches.

Les droits du Trésor, légitimement acquis le troisième jour, seront ainsi sauvegardés, les complaisances coupables seront évitées, et enfin l'huissier aura le temps nécessaire pour rédiger les protêts et les porter sur le registre prescrit par l'article 176 du Code de commerce, comme cela se fait aujourd'hui.

D'après le projet de la Commission, l'indemnité de transport serait calculée seulement sur la distance du chef-lieu de canton à la commune où le protêt est dressé. Cette modification à la loi actuelle nous paraît présenter de graves inconvénients. Elle obligera, en effet, les porteurs à remettre les effets à protester aux huissiers du chef-lieu de canton; et un banquier, par exemple, qui aura des effets payables dans plusieurs communes du département, se verra obligé d'envoyer, dès le matin, des employés dans toute la banlieue ou l'arrondissement. S'il veut en charger un huissier de Paris, celui-ci sera en droit ou de refuser d'aller, sans rémunération, dans une commune éloignée, comme Antony ou Chatenay, par exemple, alors qu'il y a des huissiers dans les cantons, ou de réclamer une indemnité de voyage au banquier personnellement.

Ces charges retomberont toujours sur les débiteurs, car les banquiers ne manqueront pas de réclamer un droit de change et de déplacé beaucoup plus élevé, en présence de l'indemnité de transport même hypothétique qui pourrait leur incomber.

Toutes ces difficultés ne tarderont pas à engendrer des compromissions coupables que la Commission veut précisément éviter. En effet, si, à bon droit dans ce cas, l'huissier du banquier refuse son ministère, celui-ci cherchera et en trouvera un autre, peut-être, qui, moins scrupuleux, acceptera et, par cette manœuvre, enlèvera la clientèle à son confrère.

Et puis n'est-il pas contraire à l'esprit comme à la lettre de la loi d'obliger quelqu'un à s'adresser à un autre huissier qu'à celui de son choix et qui a sa confiance? N'est-ce pas modifier le principe général, absolu de la libre concurrence entre les huissiers d'un même ressort, résultant des articles 2 et 24 du décret du 14 juin 1813 et 66 de celui du 16 février 1807, principe consacré par un arrêt solennel et longuement motivé de la Cour de cassation du 28 juin 1854?

D'un autre côté, le système de la Commission conduit à des conséquences bizarres, et, dans bien des cas, l'indemnité de transport qu'on veut éviter ou sera la même ou même sera plus élevée. Pour n'en citer que deux exemples, l'huissier de Vanves (canton de Sceaux) qui dressera un protêt à Montrouge (distance 2 kil. 400) aura droit à une indemnité de transport de 4 francs alors que l'huissier de Paris (distance 4 kil. 800) n'a droit, avec le système actuel, à aucun transport.

L'huissier de Paris, pour se rendre dans la commune d'Antony, canton de Sceaux (distance de Paris 12 kil. 900), n'aura droit, d'après le système proposé, à aucune indemnité de voyage parce que la distance de Sceaux à Antony est inférieure à 5 kil. ; tandis que le même huissier aura droit à une indemnité pour aller à Issy (6 kil. 800 de Paris) parce que la distance de Sceaux à Issy est supérieure à 5 kil. Et cependant Issy touche à Paris, tandis qu'Antony est à l'extrémité du département.

Les cas semblables sont nombreux ; on pourrait multiplier les exemples : ainsi Boulogne, Clichy et autres, tous voisins de Paris mais distants à plus de 5 kil. de leur chef-lieu de canton, donneraient lieu à une indemnité de voyage ; tandis qu'Épinay (13 kil. 600 de Paris), Villetaneuse (12 kil. 700), Créteil (11 kil. 900), Pierrefitte (12 kil. 900) et autres, éloignés de Paris et sans moyen de communications faciles, dans la plupart des cas, devraient être desservis sans aucune indemnité par les huissiers de Paris. Peut-ou trouver cela équitable et rationnel ?

Il nous paraîtrait donc plus juste ou de conserver le système actuel avec un maximum, ou bien d'établir le transport kilométrique également avec un maximum.

Ce dernier système est admis par l'Administration des Télégraphes pour le port des dépêches, envoyées dans les communes où il n'existe pas de bureau télégraphique. En fixant l'indemnité de transport à 50 centimes par chaque kilomètre parcouru, avec un maximum de 6 francs, nous croyons faire une juste appréciation des droits des porteurs, des débiteurs et de l'indemnité due à l'huissier. Ce maximum de 6 francs est peut-être insuffisant pour indemniser les huissiers de province ; votre Commission verra s'il ne serait pas juste de l'augmenter.

La suppressien du protêt-perquisition nous paraît aussi présenter des dangers. Souvent certains débiteurs n'indiquent que le nom de leur commune, sans désigner ni leur profession, ni la rue, ni le numéro où ils habitent. Dans d'autres cas, c'est le tireur lui-même qui lance une traite sur son débiteur, à Saint-Denis, Levallois ou ailleurs, sans autre indication que son nom; et cela se rencontre souvent. Comment alors trouver les débiteurs, surtout dans des communes importantes comme Levallois, Neuilly, Saint-Denis et bien d'autres, où souvent il existe plusieurs personnes portant le même nom? L'huissier, dans ce cas, à moins que le tiré n'ait une notoriété particulière, ne doit-il pas perquisitionner? S'il ne le fait pas, il peut exposer un débiteur solvable, et coupable seulement d'une négligence ou forcé de subir les conséquences de la négligence du tireur, à voir protester sa signature et ruiner ainsi son crédit.

Votre projet, sous l'article 4, assujettit les protêts à un droit gradué de 0 fr. 50 centimes par 100 francs avec un maximum de 5 francs. Ne pensez-vous pas qu'il serait juste de graduer aussi les émoluments de l'huissier et de les mettre, *pour une bien faible part*, en rapport avec leur responsabilité? N'est-il pas injuste que l'huissier ne soit pas plus rémunéré pour dresser un protêt de 20,000 fr. que pour dresser un protêt de 20 francs?

Au sujet du coût du protêt, nous pensons qu'il y a lieu de modifier le tarif actuel et de fixer le droit d'original à 2 francs, comme le droit de présentation que propose votre projet, et ce, indépendamment des droits de timbre et du droit de copie de l'effet sur l'original et de transcription du protêt sur le répertoire.

Ne vous paraît-il pas anormal, en effet, d'allouer à l'huissier une indemnité de 2 francs pour la présentation, et de ne lui allouer, pour droit d'original du protêt d'un effet qu'il a présenté et rédigé, que 1 fr. 60 c. seulement?

Du reste, ce droit de 2 francs, que le tarif de 1807 accordait à
l'huissier, a été modifié à la suite de certaines circonstances que
nous croyons utile de vous exposer, persuadés qu'après les avoir
examinées, vous penserez, comme nous, que le moment est venu
de revenir *au moins* au tarif de 1807, dont l'insuffisance dérisoire est
reconnue par tout le monde.

L'augmentation que nous vous demandons est d'ailleurs insi-
gnifiante et bien justifiée. Et d'abord il y a une confusion dans
laquelle nous vous prions de prendre garde de tomber :

Le chiffre élevé des frais de justice n'est ni notre fait ni notre profit;
il tient surtout à l'augmentation dont ont été frappés, depuis plusieurs années, les droits de timbre et d'enregistrement, droits dont
le Trésor seul bénéficie. A mesure que ces droits augmentent, la
note de l'huissier s'élève en proportion. En 1807, ils étaient de
1 fr. 50; ils montent aujourd'hui à 4 fr. 95 (plus du triple), et le
malheureux officier ministériel ne touche pas même les mêmes
émoluments qu'en 1807. Néanmoins c'est lui qui, *tout en percevant
l'impôt, sous sa responsabilité personnelle,* subit la conséquence de ces
lois qui l'appauvrissent, et diminuent le nombre des affaires; le
public ne voit que la carte à payer et celui qui la présente.

Nous vous demandons pardon de cette digression, bien utile
d'ailleurs pour vous faire comprendre et apprécier notre récla-
mation.

En 1848, par un accord que les circonstances difficiles rendaient
nécessaires, le droit d'original du protêt fut réduit à 1 fr. 60, parce
que les huissiers ne délivraient pas de copie de leurs protêts et que
le Gouvernement d'alors avait pensé qu'il était juste de faire profiter les débiteurs de la valeur du timbre de cette copie.

Je me hâte de dire, afin d'éviter toute supposition fâcheuse,
que depuis longtemps déjà l'usage avait fait conuaître que la déli-

vrancc de la copie, nécessaire pour tous les autres actes, était en ce qui touche les protêts, non seulement inutile, mais préjudiciable au commerce. Les huissiers avaient donc cessé de les délivrer, non par un abus clandestin, mais pour ainsi dire publiquement, au vu et au su de l'Administration de l'Enregistrement et du Ministère de la Justice. Cela est d'ailleurs confirmé par un avis du Conseil d'Etat, en date du 27 décembre 1820, rapporté dans une lettre adressée à M. le Procureur général de Rouen, dans laquelle il signale les inconvénients et l'impossibilité, presque absolue, de la remise de la copie du protêt et son danger pour le crédit des tiers, des accepteurs ou des personnes indiquées dans les besoins.

Vous l'avez du reste vous-même compris ainsi, puisque, dans votre projet, la copie du protêt est remplacée par une simple fiche, sans frais, bien suffisante pour prévenir le débiteur. D'ailleurs l'article 176, que vous avez supprimé et que nous rétablissons dans notre projet, en imposant aux huissiers l'obligation de transcrire, sur un registre spécial timbré, les effets et les actes de protêts, sauvegarde suffisamment les intérêts des tiers, qui peuvent toujours requérir un duplicata de ces actes moyennant une faible rétribution.

Quoi qu'il en soit, et bien que le décret de 1848 eût été fait *provisoirement et pour venir en aide aux embarras momentanés du commerce*, non seulement les sacrifices obtenus des huissiers ont persisté depuis plus de quarante ans, mais ils se sont encore trouvés augmentés, dans une notable proportion, par la loi du 20 décembre 1873.

Antérieurement à cette loi, en 1860, les huissiers de Paris avaient eu déjà particulièrement à souffrir par suite de l'extension des limites de la capitale, qui leur enlevait les indemnités de transport dans toutes les communes annexées.

Quant à la loi de 1873, à la fiction du timbre de la copie connue, approuvée par l'autorité, régularisée par un usage constant et public, elle substitua, pour tous les huissiers, la réalité, c'est-à-dire le timbre mobile *payé par eux*. Aussi, lorsque le projet de cette loi fut soumis à l'Assemblée nationale, la Commission du budget fut frappée de cette aggravation, et tout en maintenant dans son projet, l'article dont il s'agit, elle fit, pour nous, tout ce qu'elle pouvait faire, en insérant dans son rapport le passage suivant :

« Nous devons reconnaître qu'en ce qui concerne les protêts, les
« tarifs des huissiers furent notablement réduits en 1848 ; en raison
« précisément de cette rémunération supplémentaire du timbre de
« la copie que l'usage avait consacré, nous enlevons *la compensa-*
« *tion* aux huissiers par les dispositions que nous venons vous
« soumettre. Le Gouvernement aura à apprécier s'il ne serait pas
« juste de réviser le tarif de 1848, en vue de la situation nouvelle ».

Nous venons aujourd'hui, Messieurs, nous adresser à vous avec une respectueuse confiance, enhardis par le patronage précieux de la Commission du budget de 1873 ; nous venons vous prier de rétablir le droit d'original du protêt, comme l'avait fixé le tarif de 1807, en y ajoutant un léger droit gradué. Vous nous rendrez ainsi *la compensation* des charges que la loi de 1873 nous a imposées par une révision du tarif des protêts, sur laquelle l'honorable rapporteur du budget, appelait l'attention du Gouvernement.

En présence des dispositions de l'article 3 de votre projet de loi, sur les clercs assermentés, nous n'avons plus à justifier cette institution dont l'utilité, la nécessité même ne sont guère discutables, non seulement pour la régularisation des protêts, mais pour la délivrance matérielle des copies d'exploit, et dont le correctif, toutefois, se trouve dans la bourse commune, que nous nous proposons d'établir.

Aussi, nous vous demandons d'étendre cette mesure à tous les actes ; autrement, dans bien des cas, elle serait inefficace et ne ren-

3.

drait pas les services que vous en attendez. Souvent en effet, l'huissier serait obligé de se transporter, pour signifier un acte dans un quartier, une commune où se transporterait aussi son clerc assermenté, pour dresser un protêt. Et puisque vous admettez qu'un clerc assermenté peut remplir les formalités que nécessitent les protêts, vous devez reconnaître aisément qu'il peut, à plus forte raison, délivrer matériellement la copie d'un exploit.

Mais permettez-nous de vous le dire, vous avez trop oublié, dans votre projet, le rôle des Chambres de discipline.

Le législateur fera œuvre de sagesse en les chargeant de choisir les clercs qu'elles jugeront aptes à la présentation des effets, à la régularisation des protêts et à la délivrance des copies. La Chambre de discipline est en effet mieux placée que qui que ce soit, pour apprécier la moralité et la capacité d'auxiliaires qui devront être en définitif placés sous sa juridiction et qui ne rempliront, auprès des huissiers, que le rôle que remplissent, auprès des greffiers, les commis assermentés, autorisés par simples décrets.

La création des clercs assermentés supprimant les dispositions draconiennes de l'article 45 du décret du 14 juin 1813, nous pensons que cet article doit être abrogé.

Nous avons ajouté au nouvel article 165, un paragraphe relatif aux dispenses de protêt et de dénonciation de protêt.

Ces dispenses, par suite d'entente entre le porteur et les endosseurs ou tirés, sont souvent données après l'échéance, alors même que l'effet a été présenté par l'huissier, et que le droit est acquis au Trésor.

Souvent même ces dispenses sont données au préjudice du droit des tiers. Ainsi, alors que toute déchéance de recours est encourue, faute de protêt et de dénonciation, le porteur fait signer une dispense, à un failli par exemple, et produit à la faillite, au passif de laquelle il est admis, au préjudice de créanciers qui, se conformant à la loi, ont rempli les formalités qu'elle prescrit et acquitté les droits dus à l'Etat.

La Commission verra s'il n'y aurait pas lieu, pour des raisons semblables, d'exiger la formalité du protêt et de l'enregistrement de tous les effets à échéance fixe, même de ceux mentionnés *sans frais*, comme cela se pratique dans des pays voisins.

Ce sont là des abus préjudiciables aux intérêts des tiers et de l'Etat et qu'il y a utilité à faire disparaître.

Plusieurs d'entre nous ont pensé que l'avis de protêt, prévu par le nouvel article 167, ne devait être donné qu'au tireur qui en insérerait la demande sur l'effet même.

M. le Procureur général de Leffemberg avait déjà demandé à la Chambre son avis à ce sujet. Il ne s'agissait alors que d'un avis de protêt, lorsque la demande en aurait été insérée sur la lettre de change.

La Chambre des Huissiers, à cette époque, avait été d'avis que la mesure était sans utilité pratique; que l'avis de protêt, qui pourrait profiter à quelques uns, en très petit nombre, serait nuisible et funeste au commerce en général; qu'en effet, en signalant, par un avis officiel, un défaut de paiement, qui souvent ne serait dû qu'à l'oubli, à l'absence du débiteur, à la fermeture de ses bureaux, à une gêne momentanée qui disparaît avant le retour du protêt, le crédit du commerçant protesté serait gravement compromis et sa ruine pourrait s'ensuivre.

Mais les dispositions du projet de loi actuel nous paraissent avoir changé la proposition. En effet le protêt n'est plus dressé que le troisième jour et l'avis de protêt envoyé deux jours après, alors que, dans le projet de décret dont parlait M. le Procureur général, l'avis de protêt devait être adressé dans les vingt-quatre heures. Les craintes manifestées par la Chambre de cette époque ont donc paru ne plus exister au plus grand nombre d'entre nous.

Enfin, nous avons supprimé, à la fin de l'article 174, l'obligation pour l'huissier de faire signer la réponse du tiré ou bénéficiaire, ou de constater son impuissance ou son refus de signer. Cette formalité, inutile, devient d'ailleurs impossible, puisque le protêt n'est plus rédigé que le troisième jour. Cela n'empêchera pas du reste le tiré ou le bénéficiaire d'aller à l'étude de l'huissier, le troisième jour et avant la rédaction du protêt, pour y signer sa réponse, si bon lui semble.

Telles sont, Messieurs, les observations que nous avons cru devoir vous faire sur le projet de la Commission.

Par suite de ces observations, et de quelques points de détails, inutiles à préciser ici, mais que vous apprécierez certainement à la lecture, nous nous sommes permis de modifier votre projet de loi de la manière suivante, en suivant, pour plus de clarté, l'ordre des dispositions par vous adoptées.

PROPOSITION DE LOI

Proposition de loi présentée par la Commission de la Chambre des Députés.	Proposition de loi présentée par la Chambre des Huissiers du département de la Seine.

ARTICLE PREMIER

Les articles 160, 161, 162, 165, 166, 167, 173, 174, 176 du Code de commerce sont abrogés et remplacés par les dispositions suivantes :	Comme au projet de la Commission.
Art. 160. — Le porteur d'une lettre de change tirée du Continent, des îles de l'Europe, de l'Algérie et de la Tunisie et payable dans les possessions européennes de la France ou de l'Algérie et de la Tunisie, etc. (Le reste comme à l'article).	Art. 160. Comme au projet de la Commission.

Art. 161. — Le porteur d'une lettre de change doit en exiger le payement le jour de son échéance, et, en cas de non payement ou absence, laisser au débiteur, ou au lieu où la lettre de change était payable, un bulletin indiquant son nom et son adresse et le montant du titre.

Art. 161.

Comme au projet de la Commission.

Art. 162. — Faute de payement le jour de l'échéance, l'effet sera représenté au débiteur le lendemain par l'huissier ou notaire; celui-ci, si l'effet n'est pas acquitté, laissera au débiteur ou, en cas d'absence, au lieu où l'effet était payable, une fiche indiquant son nom et son adresse le nom du tiré, le montant de l'effet et la date de son échéance le nom du tireur, les nom et adresse du porteur.

Le débiteur pourra retirer l'effet chez l'huissier le jour et le lendemain du jour de la présentation.

Le troisième jour, le défaut de payement sera constaté par un acte que l'on nomme protêt faute de payement.

Art. 162. — Faute de payement le jour de l'échéance, l'effet sera remis à l'huissier le lendemain avant midi, et sera, ce jour même, présenté au débiteur par l'huissier ou notaire.

Si ce jour est un jour férié légal, la présentation sera faite le jour suivant.

L'huissier, si l'effet n'est pas acquitté, laissera au débiteur, ou, en cas d'absence, au lieu où l'effet était payable, une fiche ou carte, sur papier libre, indiquant son nom et son adresse, le nom du tiré, le montant de l'effet et la date de son échéance, le nom du tireur ou bénéficiaire, le nom du porteur.

Toutefois les tirés ou souscripteurs pourront se faire délivrer, par le notaire ou l'huissier, copie certifiée du protêt par extrait de son registre, tenu conformément aux dispositions de l'article 176 du Code de commerce, moyennant outre le timbre, le salaire de l'huissier ou notaire, fixé à 0 fr. 75 c. par protêt , y compris l'effet protesté, et 0 fr. 25 c. par intervention.

Le débiteur pourra retirer l'effet, chez l'huissier, le jour et le lendemain du jour de la présentation.

Le troisième jour, le défaut de payement sera constaté par un acte que l'on nomme protêt, faute de payement.

L'émolument de l'original du protêt est fixé à 2 fr. pour les effets de commerce dont la valeur ne dépasse pas cinq cents francs, il sera ajouté 0 fr. 50 c., par chaque 500 fr. ou fractions de 500 fr., sans que ce droit puisse dépasser cinq francs; le tout indépendamment des droits de timbre, et de 0 fr. 75 c. alloués à l'huissier pour droit de copie de l'effet sur l'original et transcription du protêt sur le registre.

Art. 165. — Pour exercer son recours soit individuellement contre son cédant, un autre endosseur, ou le tireur, soit collectivement contre tous les endosseurs et le tireur, le porteur doit dénoncer le protêt et faire citer en justice, dans les quinze jours qui suivent la date de ce protêt, ceux contre lequel il entend exercer son recours.

Chacun des endosseurs a le droit d'exercer le même recours individuellement ou collectivement, dans un nouveau délai de dix jours qui court, à leur égard, du lendemain de la citation en justice ou du payement.

Art. 165.

Comme au projet de la Commission.

Ces délais, à l'égard du cédant domicilié à plus de 5 myriamètres de l'endroit où la lettre de change était payable, seront augmentés d'un jour par deux myriamètres et demi excédant les cinq myriamètres.

Toute dispense de protêt, ou de dénonciation de protêt, devra, pour être opposée utilement, spécifier l'effet pour lequel elle aura été donnée et avoir date certaine avant son échéance.

Art. 166, § 2. — D'un mois pour celles qui étaient payables en Corse, en Algérie, en Tunisie. (Le surplus comme à l'article.)

Art. 166, § 2.

Comme au projet de la Commission.

Art. 167. — Le débiteur qui paye après la présentation par le porteur, et avant le jour où le protêt doit être dressé, le montant d'une lettre de change, entre les mains de l'huissier ou notaire, qui la lui présente ou la lui a présentée, doit à ce dernier ses honoraires de présentations, fixés à deux francs, outre le transport, s'il y a lieu.

Art. 167.

Comme au projet de la Commission.

En cas de transport, l'indemnité due à l'huissier sera calculée sur la distance du chef-lieu de canton à la commune où le protêt est dressé.

L'huissier doit dans les deux jours de la rédaction du protêt en donner un avis sommaire au tireur, en indiquant le nom et le domicile du débiteur, les motifs du refus de paiement et le montant de l'effet, le tout par simple lettre affranchie, et moyennant un salaire de cinquante centimes timbre compris.

En cas de transport, l'indemnité due à l'huissier sera calculée à raison de cinquante centimes par kilomètre parcouru; tant à l'aller qu'au retour, en dehors de la commune, où est fixée sa résidence, sans que cette indemnité puisse dépasser un maximum de six francs.

L'huissier doit dans les deux jours de la rédaction du protêt, en donner un avis sommaire au tireur ou bénéficiaire, en indiquant le nom et le domicile du débiteur, les motifs du refus de paiement et le montant de l'effet;

le tout par simple lettre affranchie et moyennant un salaire de
cinquante centimes , simple af-
franchissement compris, qui sera
ajouté aux frais du protêt.

Art. 173. —. Les protêts faute
d'acceptation ou de paiement,
sont faits par un huissier. A défaut d'huissiers dans une localité,
les protêts peuvent être faits par
le ou les notaires résidant.

Le protêt doit-être fait :

Au domicile ou au lieu où la
lettre de change était payable ;

Au domicile des personnes indiquées par la lettre de change
pour payer au besoin ;

Au domicile du tiers qui a ac-
cepté par intervention ;

Le tout par un seul et même
acte ;

En cas d'indications fausses ou
insuffisantes, l'acte constate que
le débiteur ou les tiers, indiqués
pour payer au besoin ou par
intervention, n'ont pas été trouvés.

Art. 174. — L'acte de protêt
comporte la transcription litté-
rale :

Art. 173.

Comme au projet de la Commission.

En cas d'indications fausses ou
insuffisantes l'acte constate, après
perquisition, que le débiteur ou
les tiers, indiqués pour payer au
besoin ou par intervention, ont
été ou n'ont pas été trouvés.

Art. 174. — L'acte de protêt
comporte la transcription litté-
rale :

1° Sur un carnet à souche, en mains de l'officier ministériel rédacteur ;

2° Sur un original séparé destiné au porteur ;

De la lettre de change, de l'acceptation, des endossements et des recommandations qui y sont indiquées, et de la sommation de payer le montant de la lettre de change.

Il énonce la présence ou l'absence de celui qui doit payer, les motifs du refus de payer, et l'impuissance ou refus de signer.

Art. 176. — (Supprimé par la Commission).

De la lettre de change, de l'acceptation, des endossements et des recommandations qui y sont indiquées et de la sommation de payer le montant de la lettre de change.

Il énonce la présence ou l'absence de celui qui doit payer et les motifs du refus de payer.

Art. 176. — Les huissiers et notaires sont tenus d'inscrire, jour par jour, sans blanc ni interligne, sur un registre non timbré, mais coté et paraphé, dans les formes prescrites pour les répertoires :

Tous les effets qui leur sont remis pour en dresser le protêt, à défaut de paiement ou d'acceptation,

Et tous les effets dont le montant leur est payé avant le jour où le protêt doit être dressé, conformément à l'article 162.

Cette inscription comprend la

date du jour du dépôt ou du paiement de l'effet, le nom du porteur, les nom et adresse du sous-
cripteur ou tiré et le montant de
l'effet.

Ce registre est tenu à la dispo-
sition du préposé de l'enregistrement, qui y appose son visa, à
toutes réquisitions.

Tout effet non payé, dans les
délais fixés par le § 1ᵉʳ de l'article 167 et non protesté le troisième jour, donne lieu à une
amende de vingt-cinq francs
contre l'huissier ou le notaire.

Les notaires et les huissiers
sont en outre tenus d'inscrire
les protêts par eux dressés, en
entier et par ordre de date, sur
un registre particulier coté et
paraphé et tenu dans les formes
prescrites pour les répertoires.

ARTICLE DEUXIÈME

Les dispositions précédentes
seront appliquées dans tous les
cas où le Code de commerce et
les lois spéciales se réfèrent aux
articles abrogés.

Comme au projet de la Commission.

ARTICLE TROISIÈME

Les huissiers ou notaires peuvent être autorisés à confier sous leur responsabilité, la présentation des lettres de change et la rédaction des protêts à des clercs assermentés.

Les clercs assermentés seront majeurs de vingt et un ans ; ils seront nommés par ordonnance du Président du Tribunal de commerce, sur requête des huissiers ou notaires.

Les huissiers sont autorisés à confier, sous leur responsabilité civile, à des clercs assermentés, la délivrance des copies de tous exploits, la présentation des lettres de change et billets et la rédaction des protêts.

Les clercs assermentés seront français et majeurs de vingt et un ans ; ils prêteront le serment devant M. le Président du Tribunal de commerce, après avis de la Chambre de discipline sur leur moralité et leur capacité.

Ils seront soumis à un règlement délibéré par la Chambre de discipline.

L'article 45 du décret du 14 juin 1813 est abrogé.

ARTICLE QUATRIÈME

L'acte de protêt est inscrit à sa date par ordre de numéros sur le carnet à souches, prévu par l'article 174, et délivré à l'huissier ou notaire, à un ou plusieurs exemplaires, par l'administra-

Les actes de protêt sont assujettis à un droit d'enregistrement gradué de 0 fr. 50 c. pour 100 fr. ou fraction de 100 fr., du montant total des effets protestés, sans que ce droit puisse excéder 5 francs.

tion de l'enregistrement et du timbre. Les feuillets des actes de protêts sont numérotés à la presse et timbrés au droit de 1 fr. 50, décimes compris.

Les souches sont conservées par les officiers ministériels ou publics et communiquées à toute réquisition aux proposés de l'Enregistrement.

Chaque feuillet non représenté donne lieu à une amende de cinquante francs.

Les protêts qui ne sont pas rédigés sur les formules prescrites, sont considérés comme non timbrés, le tout sans préjudice de dommages-intérêts envers les parties.

Les actes de protêt sont assujettis à un droit gradué de 0,50, pour 100 francs ou fraction de 100 francs, du montant total des effets protestés, sans que ce droit puisse excéder 5 francs.

ARTICLE CINQUIÈME

Un règlement d'administration publique déterminera la forme et le prix des carnets, ainsi que toute autre mesure d'exécution de la présente loi.

Un règlement d'administration publique déterminera les mesures d'exécution de la présente loi.

ARTICLE SIXIÈME

L'obligation imposée au porteur de la lettre de change par l'article 161, ne pourra être remplie par les huissiers ou notaires et leurs clercs assermentés ou préposés.

Comme au projet de la Commission.

ARTICLE SEPTIÈME

La présente loi est applicable à l'Algérie, la Tunisie et les Colonies.

Comme au projet de la Commission.

LE SYNDIC PRÉSIDENT DE LA CHAMBRE,

BARRIER.

Paris, le 12 Juin 1890.

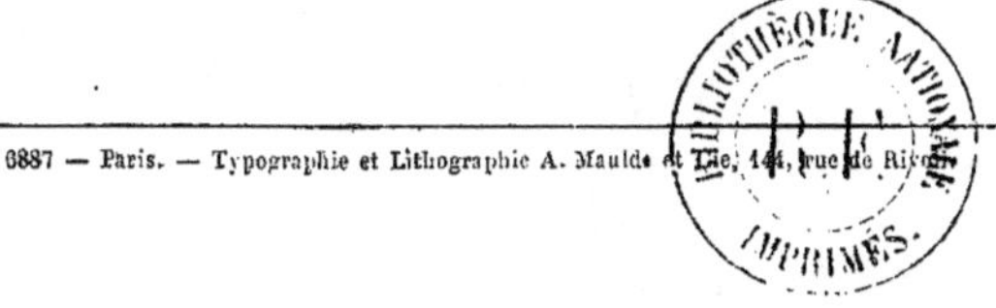